Pierre Francœur

D1390717

LES MOTS-CLÉS
DE LA VIE CHRÉTIENNE

*Petit guide pour mieux comprendre
et vivre sa foi,
pour réfléchir seul ou en groupe*

MÉDIASPAUL

Médiaspaul reconnaît l'aide financière du Gouvernement du Canada par l'entremise du Programme d'aide au développement de l'industrie de l'édition (PADIÉ), du Conseil des Arts du Canada et de la Société de développement des entreprises culturelles du Québec (SODEC) pour ses activités d'édition.

 Conseil des Arts du Canada **Canada Council for the Arts** Patrimoine canadien — Canadian Heritage — *Société de développement des entreprises culturelles* Québec

Catalogage avant publication de Bibliothèque et Archives Canada

Francoeur, Pierre, 1949-

    Les mots-clés de la vie chrétienne: petit guide pour mieux comprendre et vivre sa foi, pour réfléchir seul ou en groupe

    ISBN 2-89420-687-9

    1. Foi. 2. Vie chrétienne — Auteurs catholiques. 3. Dieu — Amour. I. Titre.

BT771.3.F72 2006   234'.23   C2006-940868-8

Composition et mise en page: *Médiaspaul*

Illustration de la couverture: *Cross*, BigStockPhoto.

Maquette de la couverture: *Maxstudy*

ISBN 2-89420-687-9

Dépôt légal — 2ᵉ trimestre 2006
Bibliothèque et Archives nationales du Québec
Bibliothèque nationale du Canada

© 2006 Médiaspaul
       3965, boul. Henri-Bourassa Est
       Montréal, QC, H1H 1L1 (Canada)
       www.mediaspaul.qc.ca
       mediaspaul@mediaspaul.qc.ca

       Médiaspaul
       48, rue du Four
       75006 Paris (France)
       distribution@mediaspaul.fr

PRÉSENTATION

Voici plusieurs années que je suis prédicateur et professeur de théologie spirituelle.

Mon activité pastorale me permet de voir, autour de moi, combien les gens se posent des questions sur «la religion».

Il est vrai, il faut faire un certain tri dans tout ce que l'on entend et ce qui se publie pour arriver à comprendre ce qui se passe dans *notre foi* chrétienne.

Dans ce petit guide, je présenterai sept mots-clés pour aider à mieux comprendre l'essentiel de la foi chrétienne.

Les voici:

1. **La vocation:** Dieu entre en relation avec les humains.
2. **L'histoire:** Dieu entre dans l'histoire humaine et lui donne un sens.
3. **La mission:** Dieu crée la personne avec des dons et des charismes.

4. La charité: Dieu invite à un agir d'amour.

5. La sainteté: Dieu veut nous rendre saints et saintes comme lui.

6. La conversion: Dieu veut nous rapprocher de lui.

7. Le discernement: Dieu nous guide dans nos choix de vie.

Une *présentation* sera faite pour chaque mot-clé; une *actualisation* permettra aussi de réfléchir seul ou en groupe sur les réalités que recouvrent les mots-clés; une *prière* terminera la démarche.

Premier mot-clé

LA VOCATION

Dieu entre en relation avec les humains

1. Présentation

La vocation dans l'Ancien Testament

Il est intéressant de constater qu'au tout début de l'Ancien Testament, Dieu engage un dialogue avec Abraham. Dans le livre de la Genèse, Yahvé s'adresse à Abraham en ces termes:

> Quitte ton pays [...] je ferai de toi un grand peuple [...]. (Gn 12, 1-2)

Yahvé fait avec Abraham ***une Alliance*** qui annonce celle qu'Il établira plus tard avec le peuple hébreu. Dieu entre en relation avec sa créature. Il parle à Abraham et l'invite à se mettre en marche. Va, dit Dieu, vers le pays que je te montrerai et je te promets un monde meilleur et une vie remplie de lumière et de bonheur.

Souvent, quand Dieu intervient, c'est pour susciter un mouvement, une action. Cela engage une dynamique de vie.

Plus tard, Yahvé confirmera à Moïse au Sinaï, en lui consignant la Loi, que son Alliance était sérieuse et durerait toujours. Il l'invite aussi à se mettre en marche.

> Maintenant va, je t'envoie auprès de Pharaon, fais sortir d'Égypte mon peuple, les Israélites. (Ex 3, 10)

Ici, Yahvé ajoute la dimension de **libération**. Yahvé a vu la misère de son peuple et veut le sortir de l'esclavage pour le conduire vers la terre promise.

Quand Yahvé appelle, il s'engage dans une relation d'amour vrai et il tient sa promesse en libérant son peuple.

Puis Yahvé envoie les *prophètes* pour bien montrer qu'il se soucie toujours de son peuple. Écoutons Jérémie:

> La parole de Yahvé me fut adressée en ces termes: Avant même de te former au ventre maternel, je t'ai connu. (Jr 1, 4-5)

Et il ajoute:

> Alors Yahvé étendit la main et me toucha la bouche et Yahvé me dit: Voici que j'ai placé mes paroles en ta bouche. (Jr 1, 9)

Yahvé marque clairement *son choix pour quelqu'un qui parlera en son nom*. Il veut faire ainsi de Jérémie son porte-parole pour annoncer au monde l'importance de revenir à l'Alliance et de ne pas vivre dans l'infidélité envers Dieu.

Les prophètes ont été choisis par Dieu pour annoncer à son peuple son message et lui rappeler sa fidélité et son amour d'âge en âge.

La vocation dans le Nouveau Testament

Lorsque les temps furent accomplis, le Père envoya son Fils Jésus dans le monde pour le sauver et proclamer son message d'amour et de paix. À son tour, Jésus choisit des personnes qui auront pour vocation de marcher à sa suite. Ce seront les apôtres.

> Comme il passait le long de la mer de Galilée, il vit Simon et André, le frère de Simon, en train de jeter le filet dans la mer; c'étaient des pêcheurs. Jésus leur dit: Venez à ma suite, et je ferai de vous des pêcheurs d'hommes. (Mc 1, 16)

L'appel que Jésus adresse aux apôtres est une invitation à le suivre et à transformer leur vie. Il les invite à croire en lui comme étant l'Envoyé du Père.

Voici comment l'Évangile relate la rencontre de Jésus avec ses futurs disciples qui étaient en train d'exercer leur métier de pêcheurs:

Et laissant dans la barque leur père Zébédée avec les ouvriers, ils le suivirent. (Mc 1, 20)

En répondant à l'appel de Jésus, ces hommes deviendront ses témoins. L'Évangile rapporte des dialogues, des interpellations. Il y a des appels adressés par Yahvé ou par Jésus qui sont suivis de réponses par les prophètes ou par les apôtres.

Nous pouvons donc conclure que notre foi ***n'est pas une idée***, mais une réponse à un Dieu qui veut nous aimer, nous sauver. Ainsi, la rencontre de Jésus est ce fait précis qui transforme une vie et lui donne une tout autre dimension.

Certains, comme les apôtres, les disciples, les saintes femmes et les foules, ont vu Jésus en chair et en os en Palestine; d'autres, comme saint Paul et tous les croyants à travers les siècles, l'ont rencontré après la Résurrection et ont fait, et font encore aujourd'hui, l'expérience de foi qu'il est toujours *vivant*.

Rencontrer Jésus, c'est faire l'expérience que Dieu s'adresse à moi, en personne, qu'il me fait la promesse d'un monde meilleur. Il m'invite ainsi à m'engager, à sa suite, pour faire advenir son Règne de justice et de paix.

❧ 2. Actualisation ☙

Voici quelques questions qui pourraient m'aider à discerner ce qu'évoque en moi le mot-clé «vocation».

*Puis-je identifier dans ma vie **des moments où Dieu** m'a parlé?*

(Prendre le temps de les écrire en précisant les endroits, les dates, les circonstances entourant les appels...)

*Ai-je fait **l'expérience intérieure d'une demande** de la part du Seigneur? Par exemple, lors d'une prière silencieuse ou dans une circonstance particulière comme une maladie, un deuil, une naissance, un nouveau travail.*

(Bien identifier la demande et quelle fut ma réponse.)

Lors de mes prières dans la solitude, dans le silence, n'ai-je pas fait l'expérience d'entendre une voix au cœur de mon cœur?

(Indiquer le moment de la prière et l'environnement.)

Question plus générale: quels sont les jalons de MA vocation personnelle?

(Après avoir répondu, voir aujourd'hui comment je vis cette rencontre intime de Dieu qui vit en moi.)

***En groupe**, nous pouvons partager nos réponses à ces questions pour comprendre que chacun n'est pas seul à vivre la réalité de la vocation.*

Quel beau partage possible en communauté de foi, en Église!

✥ 3. Prière ❧

Père,

rends-moi attentif aux appels
que tu m'adresses
dans ma vie de tous les jours.

Augmente ma foi
en ta présence amoureuse
au cœur de ma vie.

Ouvre mes yeux
aux appels d'amour
et d'engagement
que tu me lances

au fil de mes prières silencieuses
et au cœur des événements
qui jalonnent mes jours.

Augmente mon espérance
que ta présence
dans ma vie
ensoleillera mes jours
et que tes appels d'amour
illumineront ma vie.

Merci de tant m'aimer
et de m'appeler
par mon nom.

Amen.

Deuxième mot-clé

L'HISTOIRE

Dieu entre dans l'histoire humaine et lui donne un sens

✍ 1. Présentation ✍

Nous avons vu dans le chapitre précédent que Dieu établit un dialogue avec les humains et, par les prophètes, avec son peuple Israël. Puis, dans le grand mystère de son amour, et en réponse à la promesse d'un Messie, il envoie son Fils dans le monde pour nous donner le salut, le pardon de nos péchés, et annoncer son grand projet d'amour. Dans la Parole de Dieu, on lit:

> Et le Verbe s'est fait chair et il a habité parmi nous. (Jn 1, 14)

Le Père a donné une voix à son projet sur le monde. Il a envoyé son Fils au cœur de l'humanité et l'a fait naître d'une femme. L'arrivée de Jésus se vit à une époque précise alors que la province de Judée est sous la domination de l'Empire romain.

> Or, il advint, en ces jours-là, que parut un édit de César Auguste, ordonnant le recensement de tout le monde habité. Ce recensement, le premier, eut lieu pendant que Quirinius était gouverneur de Syrie. (Lc 2, 1-2)

Dieu est Dieu. Il aurait pu arriver sur terre sur un char de feu et dire son message à voix haute et forte. Mais il a voulu venir au monde simplement en naissant d'une femme.

Il entre ainsi *en personne dans l'histoire humaine*. Il mène une vie simple de fils de charpentier pendant environ trente ans. Puis, il amorce sa vie publique. Il prêche la Bonne Nouvelle du Règne de Dieu. Il guérit les malades, va à la synagogue et prend part à la vie de tous les jours. Il participe à des mariages (Cana), vit des deuils (Lazare) et voyage dans toute la Palestine. Il prie parfois seul au désert ou sur la montagne. Il prie aussi parmi la foule. Il partage sa prière, le *Notre Père*, au milieu d'une grande foule.

La vie elle-même est pour Jésus le lieu de sa prédication, de ses guérisons et miracles. On comprend alors que le message de Jésus puisse devenir objet de discussions et de conflits, par exemple, quand il affirme être venu non pas abolir la Loi donnée à Moïse mais la parfaire.

Le sabbat a été fait pour l'homme et non l'homme pour le sabbat. (Mc 3, 28)

La grande liberté de Jésus devant l'ordre établi fait qu'il devient menaçant pour les autorités religieuses en place. Sa vision du Messie heurte aussi beaucoup les Juifs très religieux. Ils le considèrent comme un blasphémateur. C'est ainsi que Jésus devra subir un procès qu'on ne peut comprendre que si on saisit bien le contexte historique dans lequel il s'est déroulé.

Pour préserver les privilèges de la religion juive, tolérée par les Romains de façon exceptionnelle dans l'Empire, il fallait mettre Jésus à l'écart. On comprend donc que, pour Jésus, entrer dans l'histoire était un choix et un risque!

Par son insertion concrète dans l'histoire, Jésus affirme que les événements contribuent au plan de salut de son Père. Ainsi donc, le temps de l'histoire qui est le nôtre, est aussi le temps de Dieu!

Quand il rencontre Zachée, Jésus lui dit:

Aujourd'hui, il faut que j'aille demeurer chez toi. (Lc 19, 5)

C'est *aujourd'hui* que Jésus nous sauve et nous invite à le suivre. Ainsi, pour nous, chrétiens, l'histoire devient l'occasion de reconnaître l'action de Jésus Sauveur au cœur du monde.

La venue de Jésus sur la terre fait de l'histoire *un lieu habité par sa présence*. Le Règne de Dieu, inauguré en Jésus, n'est autre que le déroulement d'événements chronologiques empreints de son amour.

Ainsi, les chrétiens sont invités à regarder le monde qui les entoure en y lisant *les signes* que Dieu les aime et les accompagne. En observant le monde d'aujourd'hui, on pourrait croire que Dieu l'a abandonné à cause des guerres, des tensions politiques, des luttes terroristes, des extrémismes de tout acabit...

Cependant, la venue de Jésus nous invite à l'espérance:

> Le temps est accompli et le Royaume de Dieu est tout proche. (Mc 1, 15)

Le pape Jean XXIII (1958-1963) avait compris que l'Église devait mieux s'adapter au monde moderne. Il convoqua donc un concile au Vatican. Il voulait faire un *aggiornamento* (une mise à jour) de l'Église. Le pape Jean-Paul II (1978-2005) fut un grand communicateur, un homme médiatique. Il a su rendre visible au monde entier le message de Jésus.

Notre vie, notre passage sur la terre, est LE MOMENT choisi par Dieu pour nous inviter à lire les signes des temps. Notre interprétation de l'histoire, à la lumière de notre foi, nous confirme que Dieu ne nous abandonne pas. Nous sommes les enfants de la promesse d'un monde meilleur, inauguré en Jésus. Accompagnés et guidés par Jésus, nous sommes invités à trouver dans notre histoire personnelle des signes d'espérance.

❧ 2. Actualisation ❧

Voici quelques questions qui pourraient m'aider à discerner ce qu'évoque en moi le mot-clé «histoire».

*Si je regarde **l'histoire de ma vie** et tous les événements dans leur déroulement, quels sont les lieux de Dieu que je puis y déceler?*

(Prendre le temps d'écrire les moments où je vois les signes de la présence de Dieu dans ma vie.)

Sur une feuille divisée en deux, je peux noter:

Les moments de la vie	*Les moments de Dieu*
Dates et circonstances	Dates et circonstances

*Si je regarde **le monde d'aujourd'hui**, quels sont les **signes** d'espérance que j'y découvre?*

(Quels sont les signes de paix, de tolérance, les engagements bénévoles… Je cherche des bonnes nouvelles autour de moi...)

***En groupe**, nous pouvons échanger les richesses de nos trouvailles et augmenter ainsi **notre espérance** en communauté de partage et en Église.*

❧ 3. Prière ❧

Père,
donne-moi de regarder ma vie
comme un lieu habité par toi.

Ouvre mes yeux
sur les événements heureux ou malheureux
qui tissent mes jours
pour que j'y décèle
ta présence d'amour.

Fais-moi comprendre
quels sont les signes des temps.

Augmente en moi
l'espérance.

Amen.

Troisième mot-clé

LA MISSION

Dieu crée la personne avec des dons et des charismes

☙ 1. Présentation ❧

Nous croyons en un Dieu personnel qui s'adresse à chaque être humain et l'appelle par son nom. Notre Dieu inscrit cet appel au cœur de l'histoire du monde et au cœur de notre histoire de vie personnelle. Tout cela, le Seigneur le fait pour nous envoyer en *mission*.

Jésus s'approcha d'eux et leur adressa ces paroles: «Tout pouvoir m'a été donné au ciel et sur la terre. Allez donc! De toutes les nations faites des disciples, baptisez-les au nom du Père et du Fils et du Saint-Esprit; et apprenez-leur à garder tous les commandements que je vous ai donnés. Et moi je suis avec vous tous les jours jusqu'à la fin du monde.» (Mt 28, 19-20)

Nous sommes *des envoyés* du message de Dieu sur la terre. Nous recevons, à la naissance, un certain nombre de qualités, de talents, de capacités qui varient d'un être à l'autre. Durant notre vie, nous apprenons à nous connaître et nous expérimentons nos possibilités. Nous développons ce que nous avons reçu! Riches de ce bagage humain, nous prenons la route de la vie.

De plus, au baptême, nous recevons en nous la vie de Dieu. Nous devenons une possibilité de grâces et sommes prêts à recevoir de Dieu *des dons* pour agir et parler en son Nom. Nous devenons *responsables* de ce que nous recevons. Nous sommes appelés à avoir les yeux bien ouverts sur tous les talents que Dieu dépose en nous.

> C'est comme un homme qui partait en voyage: il appela ses serviteurs et leur confia ses biens.
> À l'un il donna une somme de cinq talents, à un autre deux et au troisième un seul, à chacun selon ses capacités. (Mt 25, 14ss)

Et Jésus récompense le serviteur qui a fait fructifier ses talents:

> Très bien, serviteur bon et fidèle, tu as été fidèle pour peu de choses [...]; entre dans la joie de ton Maître.

Jésus est direct. Il insiste pour que nous mettions à contribution ce que nous recevons. Il veut que nous agissions en serviteurs dévoués et responsables! Un talent est donné à la naissance. C'est un cadeau reçu.

Pour la mission spécifique de son Règne, le Seigneur peut aussi accorder des *charismes*. Ils sont une manifestation visible de la présence agissante de l'Esprit Saint en nous: ils peuvent prendre la forme d'une action de prophète, de docteur, d'évangéliste, ou de pasteur, comme l'a exprimé saint Paul.

Nous sommes invités par Jésus à développer et à faire vivre nos charismes en Église, autrement dit, à faire progresser le Règne de Dieu par nos capacités personnelles et nos dons reçus de Lui.

Comment développer ces dons au cours de notre vie? Par une bonne connaissance de soi et un engagement concret au sein de l'Église et de la société.

Une image pourrait nous aider à comprendre cela. Le projet de Dieu à notre égard est semblable à une feuille de papier, toute chiffonnée dans notre main, que nous recevons à notre naissance. Au fur et à mesure que la vie se déroule, nous déployons notre feuille et apprenons ainsi à lire le projet de Dieu sur nous!

Petit à petit, les phrases inscrites sur le bout de papier se précisent et la mission prend forme à travers l'une ou l'autre expérience. Au fil de nos engagements respectifs se clarifie ce que le Seigneur attend de nous! Tant que nous sommes vivants, nous avons encore quelque chose à déchiffrer sur notre feuille...

Ainsi, la mission de chaque personne se développe au rythme de la vie, de la santé et des connaissances acquises.

Dans la vie spirituelle, il ne faut *pas comparer* notre mission à celle des autres. Chacun reçoit une *mission propre et unique*. On ne se compare pas, *on s'émerveille* de ce que Dieu accomplit en nous et dans les autres!

Quelqu'un peut être admiratif devant les talents et charismes d'un autre. Cependant, chacun doit bien examiner *sa propre vie* pour y déceler toutes les possibilités de sa mission. Faire la volonté de Dieu, c'est devenir pleinement ce qu'il désire que nous soyons.

La mission nous invite à nous dépasser, à nous émerveiller, à ne jamais cesser de faire fructifier nos talents pour plaire au Seigneur et recevoir la récompense promise par le Maître de la parabole.

Après avoir examiné sa vie et saisi quelle était sa place unique dans l'Église, Thérèse de Lisieux a écrit: «Dans le cœur de l'Église, je serai l'amour.»

ᗖᔆ 2. Actualisation ᔆᗖ

Voici quelques questions qui pourraient m'aider à discerner ce qu'évoque en moi le mot-clé «mission».

Je suis invité ici à constater avec lucidité et réalisme les forces que j'ai reçues à la naissance et aussi au baptême pour accomplir la mission que le Seigneur m'accorde.

Si je regarde ma vie, quels **sont mes talents**, *mes forces?*

(Je prends le temps de les écrire et de m'en émerveiller.)

Suis-je doté **de charismes***, mis en moi par l'Esprit Saint, et que je mets au service de l'Église pour la gloire de Dieu?*

(J'examine ici mes charismes; voici des exemples de charismes en Église:

— charisme de *catéchète* auprès de mes enfants ou en paroisse;
— charisme de *prophète* pour annoncer ou dénoncer les injustices, défendre les pauvres;
— charisme de *docteur,* enseignant de la foi.)

Quelle est ma mission personnelle? Pour reprendre les mots de Thérèse de Lisieux, comment pourrais-je compléter la phrase?

Dans le cœur de l'Église, je suis…

En groupe, nous pouvons dessiner un tableau de nos richesses personnelles pour présenter la mission de chacune et chacun et nous en *émerveiller*.

Ensuite, nous pouvons aussi définir, pour notre groupe de prière, d'action apostolique ou de partage évangélique, notre ***mission commune en Église***.

❦ 3. Prière ❧

Père,

aide-moi à reconnaître
les dons déposés en moi
grâce à ta bonté et à ton amour.

Aide-moi à les faire fructifier
pour que ton règne vienne.

Donne-moi la lucidité
et le courage
de toujours continuer
à développer au fil des ans,
malgré les difficultés de la vie,
mes dons et mes charismes.

De mon cœur s'élève
un immense merci.

Amen.

Quatrième mot-clé

LA CHARITÉ

Dieu invite à un agir d'amour

1. Présentation

Dieu s'adresse à chacun et chacune de nous, au cœur de notre vie, pour que nous développions nos dons et charismes en vue de les mettre au service des autres dans *un agir d'amour*.

Le cœur du message de Jésus est bien résumé dans les textes suivants:

Dans l'Évangile de Matthieu:

«Maître, dans la Loi, quel est le plus grand commandement?»
Le Seigneur lui répondit: «Tu aimeras le Seigneur ton Dieu de tout ton cœur, de toute ton âme et de tout ton esprit. Voilà le grand, le premier commandement. Et voici le second, qui lui est semblable: Tu aimeras ton prochain comme toi-même.» (Mt 22, 36-39)

Et dans l'Évangile de saint Jean:

> Je vous donne un commandement nouveau: c'est de vous aimer les uns les autres. Comme je vous ai aimés, vous aussi, aimez-vous les uns les autres. Ce qui montrera à tous les hommes que vous êtes mes disciples, c'est l'amour que vous aurez les uns pour les autres. (Jn 13, 34-35)

La vie de Jésus est l'exemple parfait de l'accomplissement de ces deux commandements. Elle est une vie de charité.

La charité, c'est l'amour de Dieu qui se donne au monde. Et elle doit passer par nous pour arriver au cœur du monde. Nos vies deviennent donc les lieux possibles pour que la charité s'exerce.

La charité se nourrit de notre foi, de notre amour pour Dieu et de tout message d'amour de Dieu pour nous. Nous sentons bien dans nos expériences de vie que la charité est un don de Dieu comme la foi ou l'espérance. Forte de cette expérience spirituelle, Thérèse de Lisieux affirme:

> Oui, je le sens lorsque je suis charitable, c'est Jésus seul qui agit en moi. (Ms. C 13)

Elle saisit bien que la charité vient du Seigneur et passe à travers nous pour aller jusqu'aux autres. Notre responsabilité c'est d'accepter notre rôle d'intermédiaire...

Thérèse de Lisieux poursuit:

Ah! Je comprends maintenant que la charité parfaite consiste à supporter les défauts des autres, à ne point s'étonner de leurs faiblesses, à s'édifier des plus petits actes de vertu qu'on leur voit pratiquer... (Ms. C 11)

La charité est un ***mode de vie*** pour la personne chrétienne. Une façon de se soucier des autres. Une manière, dans les situations diverses de la vie, de les écouter, les secourir, les comprendre et, le cas échéant, aller jusqu'au pardon.

Le Seigneur dit bien que nous serons jugés sur notre charité et non sur nos actions d'éclat, nos richesses ou nos diplômes et compétences!

Quand le Fils de l'homme viendra dans sa gloire [...]. Alors le Roi dira [...]: «Venez, les bénis de mon Père, recevez en héritage le royaume préparé pour vous depuis la création du monde. Car j'avais faim et vous m'avez donné à manger; j'avais soif et vous m'avez donné à boire; j'étais un étranger et vous m'avez accueilli; j'étais nu et vous m'avez habillé; j'étais malade et vous m'avez visité; j'étais en prison et vous êtes venus jusqu'à moi [...]. Amen je vous le dis: chaque fois que vous l'avez fait à l'un de ces petits qui sont mes frères, c'est à moi que vous l'avez fait.» (Mt 25, 31-37.40)

La charité est un ***plus*** qui transforme nos vies d'hommes et de femmes, choisis par le Seigneur, afin de faire advenir aujourd'hui son Règne de paix et d'amour.

Jésus savait bien que nous ne pourrions pas faire cela par la seule force de nos bras ou notre bonne volonté. Il a voulu nous aider en nous laissant les sacrements de sa présence et en nous assurant de son soutien.

> Celui qui croit en moi accomplira les mêmes œuvres que moi. (Jn 14, 12)
> Je ne vous laisserai pas orphelins, je reviens vers vous. (Jn 14, 19)

Nous sommes en mesure, par nos expériences de vie, nos querelles et nos difficultés, de voir que la vie de charité est très exigeante.

Ce texte de l'Évangile le montre bien:

> Vous avez appris qu'il a été dit: Tu aimeras ton prochain et tu haïras ton ennemi. Eh bien! moi je vous dis: Aimez vos ennemis et priez pour ceux qui vous persécutent, afin d'être vraiment les Fils de votre Père qui est dans les cieux [...]. Si vous aimez ceux qui vous aiment, quelle récompense aurez-vous? [...] Vous donc, soyez parfaits comme votre Père céleste est parfait. (Mt 5, 43-48)

Sommes-nous capables de vivre cette charité proposée par Jésus? Nous sommes parfois si faibles et remplis de pensées bien peu charitables. Devons-nous nous décourager?

Sur le plan humain, ce que nous propose l'Évangile n'est pas vraiment possible. Néanmoins, avec la grâce de Dieu, *tout devient possible*. Un chrétien, une chrétienne, c'est quelqu'un qui compte sur le secours du Seigneur.

Si la vie et ses souffrances nous ont placés en situation de devoir donner notre pardon à quelqu'un, cela va parfois bien au-delà de nos propres capacités humaines. Nous faisons alors l'expérience de la présence de Dieu en nous.

Quand vient le pardon, une paix habite nos âmes et nous savons qu'elle provient de LUI.

La charité à laquelle Dieu nous invite n'est pas nécessairement éclatante ni très médiatisée. Elle peut être très simple, vécue au quotidien et *dans le secret*.

En Matthieu, Jésus nous dit:

> Mais toi, quand tu fais l'aumône, que ta main gauche ignore ce que donne ta main droite, afin que ton aumône reste dans le secret; ton Père voit ce que tu fais en secret; il te le revaudra. (Mt 6, 1-4)

Nous le comprenons bien: être charitable, c'est laisser agir Jésus en nous pour que *son* Amour devienne *notre* amour. Dans son épître aux Galates, saint Paul affirme:

> Je vis, mais ce n'est plus moi c'est le Christ qui vit en moi. (2, 20)

Il nous faut donc *prier* pour être de plus en plus charitables et faire de nos vies une imitation de Jésus.

✌ 2. Actualisation ✍

Voici quelques questions qui pourraient m'aider à discerner ce qu'évoque en moi le mot-clé «charité».

*Quels sont les **lieux concrets** d'engagement et de bénévolat où je fais preuve de charité?*
(Je prends le temps de les écrire et de bien les identifier.)

*Quel **temps** ces activités caritatives occupent-elles dans ma semaine? Trop? Pas assez?*

*Quelles sont **les personnes** avec lesquelles je devrais être plus charitable?*

Comment pourrais-je concrètement régler les situations de conflit?
(Je pourrais écrire ici quelques scénarios de réconciliation.)

*Ai-je à vivre **des pardons**? Comment puis-je les régler? Suis-je prêt à en parler avec le Seigneur?*

***En groupe**, nous pouvons partager ce qui nous semble opportun pour nous encourager à être plus charitables les uns avec les autres. Qui sait si nous ne vivrons pas un pardon, une réconciliation.

Soulignons que rien n'est impossible à Dieu!

3. Prière

Père,

fais de moi un instrument
de ta charité,
comme l'a si bien dit
François d'Assise.

Fais de ma vie
un lieu où les autres
se sentent accueillis,
aimés et respectés.

Aide-moi à aimer ceux
que je ne crois pas aimables.

Soutiens mes efforts
de patience,
de générosité
et de miséricorde.

Aide-moi à imiter
ton Fils,
le modèle parfait
de la charité.

Amen.

Cinquième mot-clé

LA SAINTETÉ

Dieu veut nous rendre saints et saintes comme lui

☙ 1. Présentation ❧

Dieu nous appelle par notre nom, au cœur de *l'histoire*, pour que nous accomplissions notre mission et que nous nous tournions vers les autres dans un *agir d'amour*.

La sainteté, c'est notre *conscience de sa présence* en nous et notre *désir* de répondre à l'appel du Seigneur; notre *habileté* à lire les signes des temps. C'est aussi notre *capacité* de développer nos talents pour actualiser notre mission; c'est notre *détermination* à nous tourner vers les autres.

Dans la Constitution *Lumen Gentium* du concile Vatican II, nous pouvons lire:

> Les disciples du Christ sont véritablement devenus dans le baptême de la foi, fils de Dieu, participants de la nature divine et, par conséquent, réellement saints. Cette sanctification qu'ils ont reçue, il leur faut donc, avec la grâce de Dieu, la conserver et l'achever par leur vie. (*Lumen Gentium*, 39)
>
> Ainsi donc *tous* ceux qui croient au Christ iront en se sanctifiant toujours plus dans les conditions, les charges et les circonstances qui sont celles de leur vie... (LG 41)

C'est donc dans notre vie réelle, concrète et quotidienne que nous avons à devenir des personnes saintes.

Madeleine Delbrêl, une femme de foi qui a vécu de 1904 à 1964, disait que la seule place que Dieu a pour me parler de lui *c'est ma vie*.

Nous avons souvent une image un peu idéalisée de la sainteté. Nous croyons que ces grands saints et saintes proposés comme modèles par l'Église sont des gens bien plus forts, priants et vertueux que nous le sommes. Il nous semble impossible de les imiter ou de vivre les mêmes réalités spirituelles que ces grands personnages. Et pourtant, nous sommes invités par Jésus, tout comme ils le furent, à saisir que la sainteté est affaire de tous.

Pour nous proclamer saints ou saintes, faut-il attendre d'avoir des apparitions, ou d'entendre des voix? Pour certains, oui, bien sûr, mais pour la majorité d'entre nous, certainement pas.

La sainteté, c'est tout simplement vivre en croyant que Jésus marche à nos côtés et s'occupe de nous. Nous croyons qu'il est là!

À travers les personnes qui nous entourent et les circonstances de la vie, nous pouvons vivre avec et par l'Évangile et dans une intimité de cœur avec Jésus.

Jésus se manifeste ainsi à nous dans le silence d'une prière, dans les mots encourageants d'un ami, dans une belle liturgie à l'église ou dans une lecture spirituelle. Autant de jalons nous permettant d'accéder à la sainteté.

La sainteté est liée à **notre foi** et à notre **disponibilité intérieure**. Plus notre foi est grande, plus notre sainteté le sera. La sainteté se vit dans notre capacité et notre façon de **répondre OUI** au projet de Dieu sur nous.

La réponse de Marie à l'ange de l'Annonciation est un exemple merveilleux:

> Voici la servante du Seigneur; que tout se passe pour moi selon ta parole. (Lc 2, 38)

Il nous arrive parfois de dire **non** à cette sainteté que Dieu attend de nous. Nous comprenons alors à quel point nous sommes **libres** d'accepter la présence de Dieu dans nos vies et de répondre à son appel constant à nous faire devenir des saints, des saintes! Cette liberté est extraordinaire. Dieu ne s'impose pas. Il se propose.

Ils approchèrent du village où ils se rendaient et lui fit mine d'aller plus loin. Ils le pressèrent en disant: «Reste avec nous, car le soir vient.» (Lc 24, 28-29)

L'appel à la sainteté nous invite aussi à relire notre histoire personnelle comme une *histoire sainte*, c'est-à-dire une histoire où Dieu est présent et agissant. Illustrons cela par un exemple très simple de la vie courante:

Deux jeunes gens sont au volant de leur auto sport. C'est l'hiver et ils conduisent à folle allure sur la route. Comme on pouvait s'en douter, ils terminent leur course dans le fossé.

À l'hôpital, ils se retrouvent dans la même chambre, l'un dans le lit A et l'autre dans le lit B.

Le jeune homme du lit A est très, très fâché de son accident. Il critique tout et jure sans arrêt. Il manifeste sa rage et son dépit d'être immobilisé pour quelque temps à cause de ses fractures.

Le jeune homme du lit B rend grâces intérieurement d'être en vie. Il s'aperçoit que cet événement lui offre une occasion de réfléchir sur sa vie, sur les conséquences de ses imprudences. Il découvrira peut-être que sa vie a un sens et que Dieu l'aime et prend soin de lui. Voilà qui est chemin de sainteté.

Il existe aussi un lien très étroit entre *la sainteté* et la *connaissance de soi*. Au début du XIIIe, l'histoire des saints nous en fournit un exemple très intéressant.

Deux hommes, vivant à la même époque, ont répondu de façon bien différente aux appels de Dieu et aux besoins de leur temps. Chacun a compris les choses en fonction de ses perceptions propres et de son tempérament.

L'un, qui a vécu en Italie, s'est fait solidaire des pauvres. C'est saint François d'Assise. François était un homme habile de ses mains, proche de la nature et doté d'un grand sens pratique. Il a vu la misère des ouvriers de son père, un marchand drapier. Il a aussi fait la rencontre d'un lépreux qui a marqué sa vie.

L'autre, qui a vécu en Espagne et en France, a voulu développer la prédication pour contrer les différentes hérésies fort répandues à cette époque. Il s'agit de saint Dominique.

Dominique avait une grande formation intellectuelle, était très instruit et aimait beaucoup les débats d'idées. Lors d'un voyage en compagnie de son évêque, il fut marqué par sa rencontre avec un hérétique qui avait quitté l'Église catholique parce qu'il la trouvait trop riche et trop puissante.

Ces deux hommes avaient un attachement profond à l'Église et au pape. Tous deux fondèrent des ordres qui prirent les chemins de l'Europe pour aller vers les gens et proclamer la Bonne Nouvelle: les franciscains et les dominicains!

L'un alla vers les pauvres tandis que l'autre fonda des universités et forma des religieux et des prêtres très instruits. Ces deux grands saints ont servi l'Église en restant eux-mêmes, en utilisant leurs dons, leur sensibilité et leurs expériences propres.

La sainteté a plusieurs visages et tous se valent. Pour compléter la réflexion, il paraît utile d'ajouter que nous devons *aimer les autres comme Jésus lui-même l'aurait fait*.

Charles de Foucauld (1858-1916) disait:

> Demande-toi en toute chose ce qu'aurait fait notre Seigneur et fais-le. C'est la seule règle, mais c'est la règle absolue. (Notes de 1897)

La sainteté réside dans notre désir d'imiter le Christ dans tous nos actes et dans toute notre vie. Centrer sa vie sur le Christ, modèle parfait de la charité, de la compassion et de la miséricorde, voilà le chemin de sainteté que nous devons emprunter.

❧ 2. Actualisation ☙

Voici quelques questions qui pourraient m'aider à discerner ce qu'évoque en moi le mot-clé «sainteté».

Quels sont les saints et saintes de l'Église qui m'inspirent et que je me surprends parfois à invoquer? Pourquoi les ai-je choisis?

(Je prends le temps d'écrire mes réflexions. Je peux aussi rédiger une invocation liée à ma vie présente.)

Quelles sont les personnes qui ont marqué ma vie, même si l'Église ne les a pas canonisées de façon officielle?

(Je peux nommer ici mes parents, mes éducateurs, des amis... qu'ils soient décédés ou encore vivants.)

Dans mon expérience de vie, y a-t-il des moments où je me suis senti sur la voie de la sainteté par ma prière, mes actes ou mes engagements?

(Ici, il suffit de voir avec lucidité quand je laisse le Seigneur prendre possession de ma vie et me sanctifier.)

En groupe, prenons conscience de l'action de Dieu en nous qui nous transforme pour que nous approchions toujours plus de la sainteté.

Quel beau partage en Église!

❧ 3. Prière ❧

Père,

merci de nous avoir donné,
à travers les âges,
des hommes et des femmes
qui ont accueilli ton projet en eux
et ont manifesté
au monde ta présence,
par leur martyre,
la consécration de leur vie
ou leur engagement apostolique.

Donne-moi de me laisser transformer
par ton amour
pour que je puisse devenir
le saint que tu espères de moi.

Rends-moi toujours
plus docile et ouvert
à ton Esprit.

Amen.

Sixième mot-clé

LA CONVERSION

Dieu veut nous rapprocher de lui

❧ 1. Présentation ☙

La Parole de Dieu *invite* souvent à la *conversion*. Dès le commencement des Évangiles, on affirme l'importance de la conversion.

Et Jean le Baptiste parut dans le désert. Il proclamait un baptême de conversion pour le pardon des péchés. (Mc 1, 4)

Se convertir, c'est donc changer quelque chose dans sa vie. La conversion c'est un passage d'un état à un autre. Jean nous invite à passer du péché au repentir.

La conversion entraîne dans nos vies l'arrivée d'une nouvelle attitude, d'un autre comportement et d'une manière différente de voir et de comprendre la réalité. Jésus parlera de se tourner vers le Père.

Il insistera souvent sur le fait de croire en lui et en son Père. Il dira à Nicodème:

Personne ne peut entrer dans le royaume de Dieu à moins de naître de l'eau et de l'Esprit. (Jn 3, 5)

La conversion est une *re-naissance* grâce à la rencontre du Christ dans nos vies. Elle se produit en vertu de l'expérience de notre contact avec le Seigneur qui s'adresse à nous.

On voit bien que la conversion est une question d'ordre spirituel: *changer ou demeurer la même personne?*

Une personne, même une fois convertie, demeure elle-même dans sa dynamique profonde. Un caractère vif restera vif. Un intellectuel demeurera un intellectuel. Une personne pratique et concrète sera encore ainsi. Ce qui va changer, c'est la manière qu'elle aura de se situer désormais par rapport à son entourage et à sa façon de vivre.

Voyons deux exemples de grands convertis parmi les saints de l'Église.

Un intellectuel comme saint *Augustin* (354-430) ne voudra plus faire uniquement de la philosophie mais deviendra un grand penseur de la foi après sa conversion, un grand théologien.

Un fondateur comme saint *Ignace de Loyola* (1491-1556) était un militaire et un grand idéaliste de l'amour et du service de la patrie. Il choisira de servir Dieu et Dame l'Église avec ardeur et discipline après sa conversion. Il instituera l'ordre des Jésuites et écrira les *Exercices spirituels*, une méthode célèbre pour aider à se convertir et réfléchir sur ses engagements personnels dans la vie à la suite du Christ.

Ces deux hommes ont gardé leur personnalité propre après leur conversion. Cependant, ils ont mis leur force et leur talent au service du Seigneur et de l'Église en poursuivant un nouvel idéal de vie. Leur vie a pris une autre tournure. Ils ont vécu un ***passage majeur***.

On voit bien à leur exemple que se convertir, c'est changer son regard sur le monde et adopter de plus en plus le regard du Christ!

Il est intéressant de constater qu'il y a ***plusieurs types de conversions***. Il y a des conversions qui sont ***des chocs*** et où la rencontre du Christ se fait de façon subite et forte. Pensons à saint Paul et à saint Augustin.

Il y a aussi des conversions qui ***se font lentement***, au fil des jours et des expériences de vie. Pensons à Madeleine Delbrêl (1904-1964) ou à Charles de Foucauld (1858-1916).

Madeleine Delbrêl comprit peu à peu l'importance de vivre selon l'Évangile et de s'engager concrètement comme travailleuse sociale au service de son prochain.

Charles de Foucauld choisit, après bien des expériences, de se retirer au désert pour prendre la *dernière place* et vivre caché comme Jésus à Nazareth.

Ils se sont convertis au fil des ans et des rencontres marquantes de leur vie. Il y a aussi des conversions qui se produisent à la *suite de relectures* que nous pouvons faire des événements. La conversion de Thérèse de Lisieux la nuit de Noël 1886 appartient à cette catégorie. Elle découvrit cette nuit-là l'importance de la charité dans sa vie et elle en fut toute transformée.

Peu importe le type de conversion, celle-ci demeure un appel constant du Seigneur à se tourner vers lui et à modifier sa vie pour lui faire de plus en plus de place.

Tous les grands saints dans leur récit de conversion disent bien que celle-ci vient de Dieu. C'est son initiative! Cependant, nous avons toujours la liberté de prendre cette main tendue ou de la refuser.

Il n'y a pas de conversion si notre cœur ne s'ouvre pas aux appels du Seigneur par l'intermédiaire des personnes et des événements. Souvent, c'est à travers les personnes que Dieu nous invite à la conversion.

Regardons la conversion de saint Paul. Ayant quitté Jérusalem en direction de Damas, avec des lettres pour persécuter les chrétiens, Paul subit un choc sur la route. Il tombe par terre et il entend une voix lui dire: «Paul, pourquoi me persécutes-tu?»

Après ce choc, il perd la vue et il doit être amené par la main dans Damas par ses compagnons. Paul est aveugle et attend trois jours sans manger ni boire. Il réfléchit sur ce qui vient de se passer. Il comprend que le Christ *l'a saisi*, comme il dit.

Pour signifier à Paul sa présence et son entrée dans l'Église et le confirmer dans sa conversion, le Seigneur aura recours à un homme, pieux et droit: Ananie.

> Or il y avait à Damas un disciple nommé Ananie. Dans une vision le Seigneur l'appela: «Ananie!» Il répondit: «Me voici Seigneur.» Le Seigneur reprit: «Lève toi et va dans la rue droite [...].»

Et puis Ananie se rend chez Paul et lui dit:

> «Saul, mon frère, celui qui m'a envoyé c'est le Seigneur, c'est Jésus, celui qui s'est montré à toi sur le chemin que tu suivais pour venir ici. Ainsi, tu vas retrouver la vue et tu seras rempli d'Esprit Saint.» (Ac 9, 17)

Ananie devient le porte-parole de Dieu face à Paul et le ministre de l'Église qui va lui conférer le baptême. Lorsque survient une conversion dans nos vies, on voit souvent surgir un envoyé de Dieu pour confirmer celle-ci. Nous ne sommes pas convertis pour nous-mêmes, mais bien pour une mission en Église!

> Il passa quelques jours avec les disciples de Damas et, sans plus attendre, il proclamait Jésus dans les synagogues. (Ac 9, 20)

৯ৡ 2. Actualisation ৡ৯

Voici quelques questions qui pourraient m'aider à discerner ce qu'évoque en moi le mot-clé «conversion».

Dans ma vie, quels sont les Ananie?
(Je nomme les personnes qui m'ont permis d'identifier ce que le Seigneur attend de moi, qui m'ont aidé à vivre des passages transformateurs et qui m'ont amené à mieux me tourner vers le Seigneur… et je rends grâces et prie pour ces personnes.)

M'est-il arrivé parfois d'être Ananie pour les autres?
(Je réponds en vérité et en humilité: je nomme et décris les situations... et je rends grâces...)

En groupe, partageons nos expériences d'Ananie et sachons nous en émerveiller.

✺ 3. Prière ✺

Père,

merci pour les Ananie
présents dans ma vie.

Merci
de me dire
par ces personnes
ta présence et ton amour.

Fais de moi
une personne apte
à inviter les autres
à te suivre
et à favoriser leur conversion.

Donne-moi un cœur nouveau
et un esprit nouveau
pour que je sois toujours
prêt à me tourner vers toi,
à me convertir.

Amen.

Septième mot-clé

LE DISCERNEMENT

Dieu nous guide
dans nos choix de vie

⋖§   1. Présentation   §⋗

Vivre dans le discernement

Ce mot n'est pas employé tous les jours. Cependant, de façon quotidienne, peut-être sans le nommer, nous vivons des expériences de discernement. En effet, dans la vie, nous faisons des choix chaque jour.

Or, un *discernement* c'est un choix fait à la lumière de notre relation d'amour à Jésus Christ. Pour faire un discernement spirituel vraiment juste, il est essentiel de prendre la *Parole de Dieu*, de méditer un texte où Jésus prie son Père et de voir comment sa relation de Fils a influencé et éclairé ses choix.

Avant de choisir ses apôtres, avant de faire des miracles, avant la Passion, Jésus prie son Père sur la montagne, au désert, dans un jardin...

Voilà pourquoi nous parlons de *discernement spirituel*. Un choix que nous faisons à la lumière de l'Esprit du Seigneur en nous, en méditant sa Parole et en regardant notre vie.

L'acte de discerner est un acte de l'intelligence et de la foi. Le critère pour discerner nous est donné par saint Ignace au début des *Exercices spirituels*. Ce livre nous aide à nous convertir et à faire des choix éclairés sur notre vie.

Il dit au numéro 23, en introduction:

L'homme est créé pour louer, révérer et servir Dieu notre Seigneur et par là sauver son âme.

Saint Ignace accordait une grande importance au discernement comme élément du processus de conversion et pour mener une vie chrétienne fructueuse.

Pour nous maintenant, qui sommes dans un monde agité, et aux prises avec mille et une sollicitations, le discernement peut nous aider à mieux vivre notre foi et à équilibrer nos vies.

Combien de fois ne voyons-nous pas des personnes épuisées ou exténuées parce qu'elles ont pris trop de responsabilités? Tant de gens ne savent pas dire non!

Prendre le temps de s'asseoir, de réfléchir et de faire silence, en regardant sa vie comme un lieu habité par Dieu et son amour puis, lire la ***Parole*** pour comprendre comment Jésus agissait avant de faire des choix dans sa vie. Voilà qui constitue déjà une bonne introduction au discernement spirituel.

Ainsi, avant de dire oui ou non à une demande, nous devons nous arrêter un court instant pour discerner. Cette demande peut venir de notre curé ou d'un organisme de charité, ou d'un parent en difficulté. Très souvent, les demandes qui nous sont adressées sont de très bonnes choses. Nous devons alors discerner entre deux biens.

La question à se poser: «Si je dis ***oui*** à cela vais-je mieux aimer? Vais-je mieux servir Dieu?» Une personne ayant un horaire très chargé devra prendre le temps de discerner avant de répondre à une sollicitation, si intéressante soit-elle...

Le discernement doit se faire dans un climat de prière. Bien discerner, c'est apprendre à se regarder avec lucidité en se sachant d'abord et avant tout fils ou fille de Dieu.

Comprendre les tensions de la vie spirituelle

La vie spirituelle, c'est-à-dire la vie en Esprit, est ***un combat*** entre notre nature humaine et notre aspiration à ressembler à Dieu qui est la perfection même. Il ne faut pas nous en étonner et surtout nous décourager.

L'auteur de l'*Imitation de Jésus Christ* disait déjà en 1378:

> Vanité des vanités, tout n'est que vanité (Qo 1, 2), hormis l'amour de Dieu et son divin service.
> La plus haute sagesse est d'aspirer au royaume des cieux en ne se souciant pas des vanités du monde.
> (*Imitation de Jésus Christ*, I, 1, 4)

La vie chrétienne est **une tension** entre ce à quoi nous aspirons et ce que nous vivons concrètement. Le discernement spirituel nous aide à bien gérer cette situation en amenant à renoncer à vouloir **tout faire**. Nous apprendrons, en toute sérénité, **à faire notre possible** et à servir ainsi le Seigneur.

Nos choix créeront des tensions inévitables dues aux attentes souvent irréalistes des autres par rapport à nous!

Nous savons par expérience que nos amours humaines sont aussi des lieux de tension. Nous sommes coincés entre l'amour que nous voudrions parfait et nos défauts, nos incompréhensions de l'autre et nos difficultés à communiquer. Cela ne nous empêche pas de nous jeter corps et âme dans nos amitiés et nos relations amoureuses!

Le discernement peut nous aider à ne pas nous laisser perturber par les tensions de la vie et les conséquences de nos choix.

Discerner au fil des jours

Voici maintenant deux réalités spirituelles et humaines qui caractérisent nos vies courantes. Le discernement permet de bien les identifier et de bien les gérer.

La consolation

Dans notre vie, nous sentons parfois que nous sommes en forme physiquement ou intellectuellement. On dirait qu'on pourrait transformer le monde... Et d'autres jours, dès notre lever, nous nous sentons moches et sans énergie... Cela fait partie de notre biorythme.

Ainsi en est-il de notre vie intérieure, de notre âme. Parfois, nous nous sentons très proches du Seigneur. Nous sommes conscients de son amour pour nous et de ses appels envers nous. Nous trouvons vivantes et belles les liturgies de notre paroisse. Nous serions prêts ces jours-là à faire tous les actes de charité possibles. Bref, nous sommes heureux et comblés au niveau de notre vie spirituelle.

Dans les *Exercices spirituels* (n° 316), saint Ignace appelle cela: ***la consolation***.

La désolation

Nous pouvons aussi vivre tout à fait le contraire de ce que nous venons de voir.

Notre vie intérieure est vide. Notre relation au Seigneur a l'air d'être rompue. Nous ne ressentons pas sa présence et son amour nous semble tellement flou et loin de nous. Nous n'avons pas du tout le goût de faire quoi que ce soit pour les autres. On dirait qu'ils nous agressent et nous déplaisent. Les liturgies nous ennuient et la prière nous paraît une corvée. Nos pensées sont remplies de situations équivoques et plus ou moins teintées de mondanités peu reluisantes. Bref, nous sommes *désolés*.

Un bon discernement nous permet alors de comprendre qu'il est inutile de *paniquer* lorsqu'une telle situation apparaît dans nos vies. Il faut tout simplement redoubler de ferveur. Cela n'est pas spontané, bien sûr. Il faut faire l'effort de demeurer fidèle à notre prière et surtout *augmenter nos actes de charité* envers les autres.

Dans nos amours humaines, nous savons que ce n'est pas lorsque cela va mal qu'il faut quitter la relation. Au contraire, il faut y croire plus que jamais, se rappeler les bons moments et se dire que l'on va passer au travers.

Un discernement sérieux nous fait constater que le Seigneur, dans son amour infini, prend soin de nous autant dans les moments de consolation que dans les moments de désolation.

Pour nous aider dans le discernement

L'expérience chrétienne, au cours des siècles, nous a démontré l'importance de cheminer *ensemble* en Église sur la voie de la sainteté et de la conversion en vivant dans le discernement. Le Seigneur a envoyé ses disciples deux par deux. (Lc 10, 1)

Pour faire un bon discernement, il est recommandé de cheminer avec une personne croyante qui pourra nous aider en posant les bonnes questions et en priant avec nous lors du parcours qui précède la décision. Il est bon d'avoir un vis-à-vis dans une démarche de foi. Nous vous encourageons à chercher quelqu'un, homme ou femme, pour partager vos questions, vos doutes, vos hésitations, et vos découvertes spirituelles à mesure qu'elles adviennent.

Ainsi avant de prendre des décisions importantes pour changer des choses dans votre vie, comme un nouvel emploi, un déménagement, un engagement bénévole ou toute autre chose du même genre, il vous deviendra naturel de consulter votre accompagnateur et de vivre un discernement dans l'Esprit.

Ne savons-nous pas que tous les grands saints et saintes ont eu besoin de se faire confirmer leur mission? Nous avons présenté plus haut l'expérience d'Ananie.

Pour aider à faire du discernement un réflexe de vie, il est bon de se donner *des moyens*.

Pensons à des choses simples et accessibles. Se donner des moments de prière en silence chaque jour. Vivre, si c'est possible, une fin de semaine ou une semaine de retraite prêchée ou une session de ressourcement spirituel.

Dans les maisons de retraites spirituelles, on trouve souvent des gens très compétents pour l'accompagnement spirituel et le discernement. Les lieux de pèlerinage offrent également d'excellents services d'écoute et d'aide spirituelle.

❧ 2. Actualisation ❧

Voici quelques questions qui pourraient m'aider à discerner ce qu'évoque en moi le mot-clé «discernement».

*Quel est le **dernier choix important** que j'ai vécu?*

Avais-je fait un discernement? Avais-je pris le temps de le prier? Avais-je regardé si cela m'aiderait à mieux aimer? En avais-je parlé à quelqu'un?

*Suis-je en ce moment confronté à un choix? Comment vais-je faire un **discernement**? Comment vais-je m'en donner les moyens?*

En groupe, prenons conscience de notre capacité ou incapacité à discerner et aidons-nous à trouver des moyens pour y parvenir.

Soyons bien concrets en tenant compte de nos possibilités, de nos âges, de nos engagements et responsabilités.

Suggérons-nous des accompagnateurs et accompagnatrices que nous connaissons...

3. Prière

Père,

donne-moi
de regarder ma vie
avec ton regard.

Fais que je ne prenne
aucune décision importante
sans t'en parler
et lire l'Évangile.

Donne-moi la grâce
de rencontrer quelqu'un
qui me dira ton amour
et éclairera mes choix.

Envoie-moi ton Esprit
pour que tous mes choix
soient faits dans ton amour
et pour le service des autres.

Comme le disait
ton serviteur
Ignace:

Donne-moi la grâce
de t'aimer.
Celle-ci me suffit.

Amen.

TABLE DES MATIÈRES